Este libro le pertenece a:

_____

Este libro está dedicado a mis hijos - Mikey, Kobe y Jojo.

Ninja **Life Hacks**™

El Ninja Tímido

Por Mary Nhin

Solía ser muy tímido, pero ahora no lo soy...

En una fiesta, sería el primero en decirte "Hola".

Mientras hago fila en la fuente de agua, te haría un cumplido.

Y si fueras el chico nuevo en el equipo de fútbol,
te daría la mano para presentarme.

Si no me conocieras, nunca habrías sabido que una vez fui tan tímido que me impidió hacer las cosas que me encantaban.

Cuando había un juego de cuatro cuadrados en marcha, yo
estaría demasiado avergonzado para preguntar si podía jugar.

En cambio, vi toda la diversión desde la distancia.

Si tenía una pregunta que hacerle la maestra, me preocupaba preguntar delante de toda la clase en caso de que alguien se riera de mí.

Después de clase, susurraba mi pregunta.

Cuando tuve que realizar mi rutina de baile, tuve miedo de estropearla.

Así que en su lugar, me escondí detrás de la cortina y me perdí mi actuación.

Fui el ninja más tímido de todos hasta que...

...conocí a la Ninja Amable.

Fue el primer día de clases.

La Ninja Amable se dio cuenta de que estaba muy nervioso.

-Oye -dijo la Ninja Amable-. No hay razón para preocuparte. ¡La escuela va a ser muy divertida! Yo solía ser un poco tímida también hasta que aprendí una estrategia para calmar mis miedos.

Uso el método C.U.E.:

Concéntrate

Utiliza

Empuja

Primero, concéntrate en tu respiración.

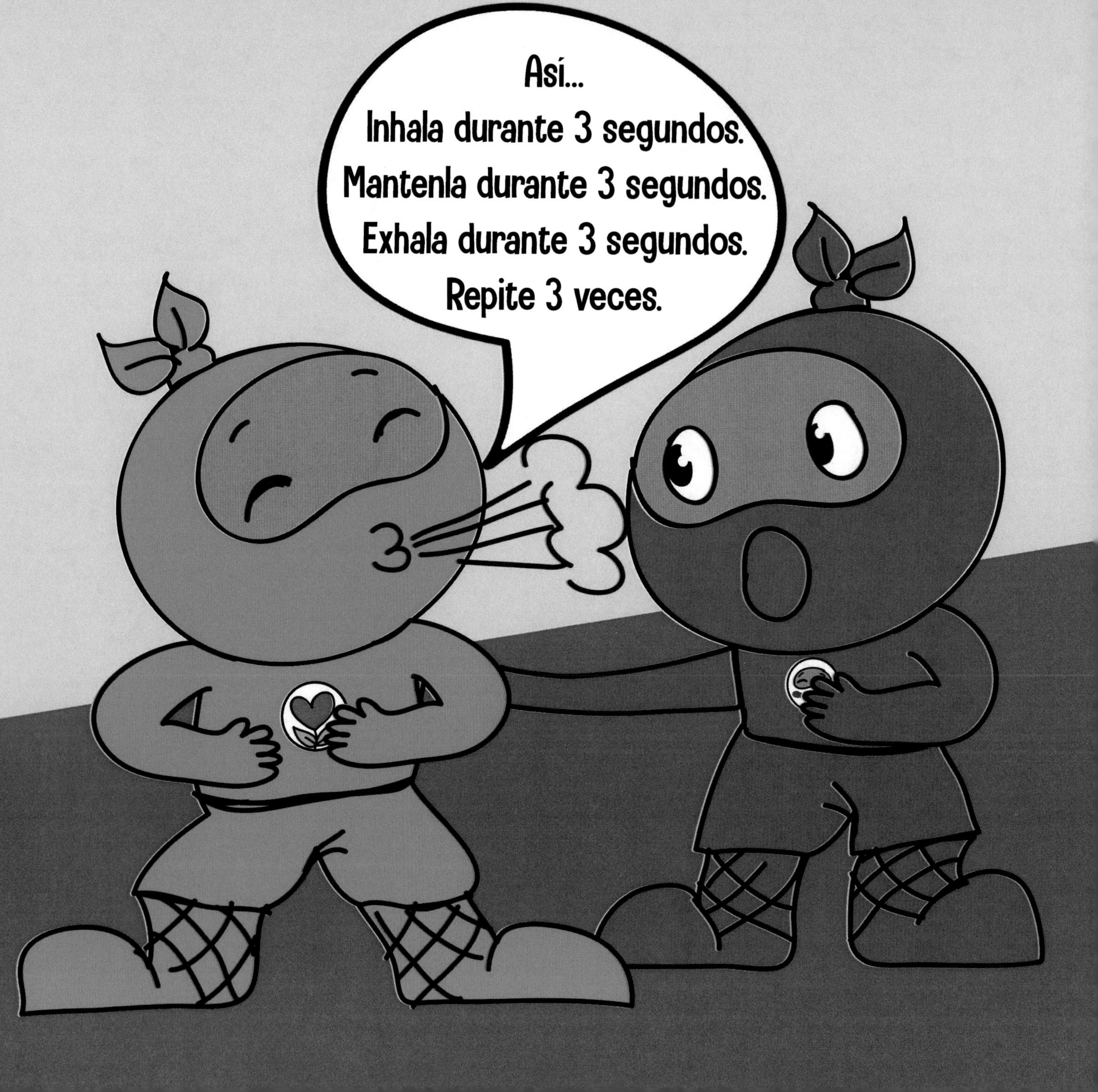

Luego, utiliza lemas positivos.
Y finalmente, empuja tus miedos.

A medida que el autobús se acercaba a la escuela, empecé a pensar en lo que pasaría en mi primer día de clase.

Mis pensamientos me mareaban.

Podía sentir mi cara enrojecida, mi corazón acelerado y mis palmas sudando. Yo pensé que...

Me concentré en mi respiración. Tomé una respiración lenta y profunda, la contuve durante 3 segundos y luego exhalé lentamente. Hice esto 3 veces.

Luego, utilicé un lema positivo como "puedo hacer esto".
Finalmente, empujé mis miedos y exclamé...

¿Y adivina qué pasó?

¡Funcionó!

Por primera vez, me sentí seguro de que podía manejar cualquier cosa que se me cruzara.

Todo lo que necesitaba hacer era centrarme en la estrategia C.U.E.

El recordar el método C.U.E. podría ser tu arma secreta
contra la timidez extrema y la ansiedad social.

Concéntrate

Utiliza

Empuja

¡Visita ninjalifehacks.tv para obtener imprimibles divertidos gratis!

@marynhin   @GrowGrit
#NinjaLifeHacks

Mary Nhin   Ninja Life Hacks

Ninja Life Hacks

@ninjalifehacks.tv

Made in the USA
Las Vegas, NV
10 August 2023